REALIZAÇÃO:

**broto
da
terra**
claudia
pucci
abrahão
cibele
lucena

Pólen

Copyright by Pólen Produção Editorial Ltda., 2016

Concepção do projeto:
Paula Autran
Coordenação editorial:
Pólen Livros
Edição:
Lizandra Magon de Almeida
Revisão:
equipe Pólen Livros (Karin Krogh e Virginia Vicari)
Projeto gráfico e diagramação:
doroteia design/Adriana Campos

Projeto realizado com o apoio do Governo do Estado de São Paulo, Secretaria de Estado da Cultura e Proac 2015.

Dados Internacionais de Catalogação na Publicação (CIP)
Angélica Ilacqua CRB-8/7057

Abrahão, Claudia Pucci
Broto da terra / Claudia Pucci Abrahão, Cibele Lucena. -- São Paulo : Pólen, 2016.
96 p. : il., color. ([Palavra de Mãe])

ISBN 978-85-983-4936-7

1. Poesia brasileira I. Título II. Lucena, Cibele

16-1087   CDD B869.1

Índices para catálogo sistemático:
1. Poesia brasileira

Todos os direitos reservados à Pólen Produção Editorial
www.polenlivros.com.br
tel. 11 3675.6077

Com amor para
Pedro, Gabriel
e Francisco,
para que sempre
tenham acesso
à natureza
de suas primeiras
palavras,
primas
aventuras,
guias divinas
pra toda vidar

[Carol Padilha]

Dedico este livro
à força viva e
por isso rebelde
das crianças.
E ao meu filho Gil.

[Cibele Lucena]

6

Com a palavra, as mães

NESSES QUATRO VOLUMES repletos de lirismo e emoção, e pitadas do mais puro humor infantil, sete mulheres muito particulares compartilham suas impressões em palavras e imagens sobre a experiência transformadora e única que é ser mãe. Todas elas têm em comum o fato de refletirem poeticamente sobre a relação da mulher contemporânea com a maternidade e todo o universo abarcado por essa ligação.

Assim, os livros não se restringem apenas à conexão entre mãe e filhos e filhas, mas abrangem também todo o universo no qual essas mulheres se inserem em função desses laços.

São retratos de uma geração de mães que refletem dialeticamente sobre como associar os mais diversos aspectos da vida feminina com seus projetos profissionais e artísticos, enquanto buscam criar seus filhos de forma próxima e consciente. Textos leves, pequenos flagrantes do cotidiano, registros breves da fala tão peculiar das

crianças, se misturam a poemas de fôlego, resultado da perplexidade imposta pelos desafios da maternagem.

    A variedade de origens e experiências dessas mães – há quem tenha tido o filho sozinha, quem teve um filho com grave problema congênito, quem engravidou jovem demais, quem desafiou a família para fazer valer seus valores em relação à maternidade – garante um coral de vozes harmônico e original, envolvido em um projeto gráfico instigante e forte que, como não poderia deixar de ser, também foi criado por uma mãe com os mesmos questionamentos e alegrias.

    Convidamos a todos a embarcar conosco nesse mundo interno rico e sensível, navegando pelo *chiaroscuro* próprio dessa que talvez seja a viagem mais desafiadora da vida de um ser humano.

Lizandra Magon de Almeida, editora (e filha)

8

Mãe,
a nuvem é o cobertor da lua?
(Gabriel, 14.04.2014)

9

Infinitas viagens

Ah, essa natureza do vento, carregando
longe aquelas folhas entregues…
é por ele que a árvore aceita afundar raiz
por saber que parte sua
conhecerá terras distantes.

Dia das mães

Tava aqui pensando no que é mãe. Definições, sabe? Então o Gabriel pediu colo e colocou, num suspiro, o dedinho na boca. Encostou o pequeno corpinho um pouco pra trás, relaxou a cabeça… entregou. Na certeza absoluta de que teria amparo, de que teria amor. Né isso?

(13.05.2012)

14

Combinário

zero um

zero um
cérum
céu.

(criado por Pedro,
brincando, na cama)
(29.06.2012)

15

zero um

Poesia espontânea

Mamãe-eu: eu te amo!
Gabriel: eu teâmbulo!
Mamãe-eu: eu te amo!

Gabriel: eu triângulo!

(16.03.2012)

Poesia para dias difíceis

Com febre, com dúvidas, com raiva de tantas coisas lá fora, em casa sozinha com os meninos. Querendo ver minha mãe, que está longe, e tendo que ser muito mãe.
Café da manhã.
Resolvi me entregar à ternura, para não alimentar o bicho. Aquele bicho.
Tomando café com Pedro, ele apontou pro copo quase vazio onde bebia suco:

Quero o copo grande, mãe.
O quê?
Quero grande. Espicha, mãe.

Coloquei mais suco no copo. Seria isso?
Espicha, mãe. Isso!
(feliz por ter sido entendido)

Então ele brindou comigo, ele com suco, eu com café.
Em seguida, soltou:
Você tá quase quebrando, mãe?

(Eles nem sabem, nunca sabem: que, às vezes, salvam a gente.)

(27.09.2012)

Primeira chance para falar da vida

Na areia, perto da arrebentação,
respirava um ser ainda vivo.
Chamei, animada, os meninos: olha!
Eles, com o entusiasmo
de sempre: peixe!
Peguei pelo rabo, jogando de volta no
mar. Nem percebi que buscava neles
testemunhas para um ato
heroico de salvação.
A onda devolveu o corpo: como,
se ainda respirava?
Como se atreveu este ser, assim,
a desistir de existir?
Constrangida, fiquei sem palavras.
Mudei rapidamente de assunto: não,
eles não estão preparados para saber
tão de repente os segredos da vida.
Não, eu não estava preparada pra
falar sobre a morte. Não assim, tão de
repente, no meio das férias de verão.

(01.02.2012)

Segunda chance para falar da vida

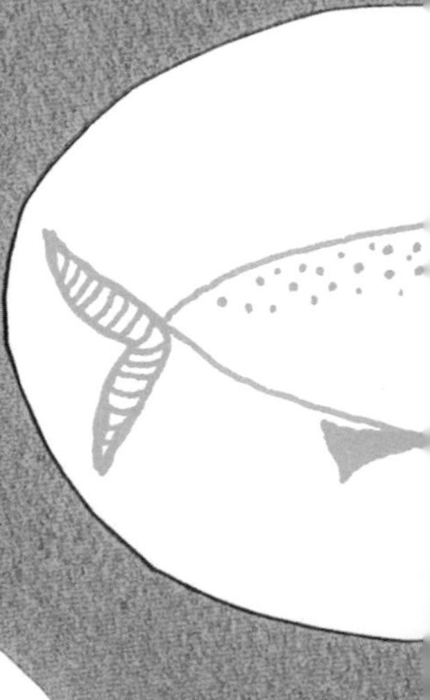

Mamãe, a formiguinha rasgou!
(Ela, se contorcendo, até que parou.
Eles, intrigados, com um giz de cera na mão.)
Não pude mais fugir.
A palavra saiu, depois de muito lutar: não,
querido, a formiguinha morreu.

(30.05.2012)

Café no castelo

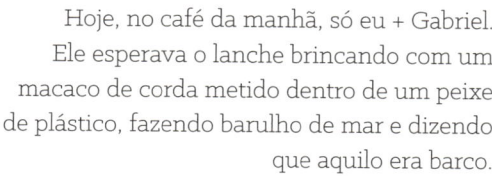

Hoje, no café da manhã, só eu + Gabriel.
Ele esperava o lanche brincando com um
macaco de corda metido dentro de um peixe
de plástico, fazendo barulho de mar e dizendo
que aquilo era barco.

Claro que quando o sanduíche chegou,
cortado em duas metades, também virou
brinquedo. E então ele pegou cada uma delas
e colocou de pé, na lateral. Logo vi muralhas
de um castelo medieval, ou rochedos no mar.
Fiquei intrigada imaginando o que poderia
ser aquilo dentro do mundo dele. Perguntei,
querendo participar: o que é isso, filho?
A resposta foi curta e simples: pão.

(12.03.2012)

Passear de aletrô

Ontem seria um daqueles dias comuns, que começaria com uma consulta médica às 8 da manhã. Resolvemos ir de metrô.
Foi uma festa. No trem, davam bom dia, sorriam para os rostos incrédulos, falavam para as pessoas: "olha o trem!", como se aquele superprograma fosse também uma novidade para todos.
Saindo da estação, Pedro estranhou:
mãe, cadê as pessoas?
Achei engraçado. Estamos sempre em família, ou entre amigos, ou com o povo da escola, do teatro, dos movimentos sociais, gente de todas as idades e tipos e que às vezes somam um número grande de pessoas. Pessoas que se cumprimentam, conversam, convivem. Para eles, não é comum o anonimato em público. Não é comum que pessoas que andam juntas não se conheçam, não se cumprimentem e, especialmente, que vão embora sem dizer tchau.

Depois, durante horas, os dois ficaram lembrando da sua aventura no trem que se chama aletrô.

— Fala você, Pê!
— Desembarque pelo lado esquerdo do trem.
— Aí a moça toca a flauta:
túúúúúúúú.
— Aí a porta abre.

Seria lindo se fosse mesmo assim.
Mas, para eles, assim foi.

(14.07.2012)

24

Rapto para Oz

De uma hora pra outra, me pego em terra devastada. Como se estivesse caminhado até lá sem saber, e de repente me percebo na paisagem aterradora.
Por fora, a vida segue igual. Só me dá vontade de correr, correr, correr.
Fugir.
Corro com os pés pregados no chão.
Dói.
Demora pra perceber de verdade onde estou.
Mas o Pedro, que vive entre
os mundos, percebeu.
Então, na sala de casa, me salvou: mãe, vamos voltar pra casa?

(20.11.2012)

Coisas que mãe aprende no café da manhã.

É fácil fazer uma estrela com a mão. Ó. (e Gabriel abre os dedos) Então, pela primeira vez, vejo que carregamos estrelas de cinco pontas na ponta dos braços.

(29.05.2013)

No jardim de casa tem uma pequena cerejeira.
No galho da cerejeira tem um pequeno casulo.
As folhas iam sumindo, e eu pensava ser pelo outono.
Depois percebi que a lagarta ainda comia folhas,
mesmo estando no casulo.
Saía, comia, voltava.
...
Ontem só sobrava uma folha,
temi pela vida da lagarta.
(como se fosse ela indefesa,
apesar de até ter sua casa)
Ela comeu a última.
como faria depois?
...
Aí, à noite, choveu.
foi chuva de vento, raio e tempestade.
...
Logo cedo, corri pra ver se o casulo tinha aguentado.
Naturalmente, alheio às dúvidas, ele se segurou.
E um galho de bambu, plantado ao lado, envergou,
cheio de folhas novas,
envolvendo o esqueleto da cerejeira,
cercando o pequeno casulo.

Pintou de verde o quadro seco.
Confia, moça: a vida protege as asas nascentes.

(05.06.2012)

Pés de espelho

Fomos com as crias no mar. Primeira vez do Gabriel. Terceira do Pedro, mas também parecia a primeira.

Chegamos naquele finalzinho de tarde quase noite, mas com tempo de dar um chego na praia. Tomar a bênção, essas coisas, e se perguntar: por que demorei tanto para voltar?

De frente praquilo tudo, eles não resistiram: soltaram as mãos e correram, infinitos, mesmo contra o vento de recomendações. Fui atrás, fingindo ser mãe, sendo então mais um pé ansioso de areia e água.

Senti, novamente, o caminho percorrido. Senti, junto
com o vento na pele úmida de sal, que tem muita
coisa que assombra, mas nem por isso assusta,
e que o medo é só coisa que a gente aprendeu errado.

Tão bom foi sentir novamente os pés na areia
espelhada, nem praia nem mar, aquele terreno
intermediário-ponte-maleável para água ou terra firme!

Que bom foi perceber, também em assombro, que a
primeira impressão do mar é tão forte que mesmo a
gente que já foi, volta. Volta naquele primeiro dia. É como
se a pele nova, macia, em contato com tanta intensidade,
irradiasse o momento, conectasse pé com pé.

Então eu senti no meu pé, cocegando, aquele
horizonte aberto daquela primeira lembrança.

(24.01.2012)

Desobediência *(poética)* civil

No caminho de volta da escola, os meninos pediram "para ver o castelo" — uma construção que de fato é um castelinho. Eles acham o máximo ver de perto aquela representação que praticamente só podem contemplar nos livros, porque a Europa não é logo ali.

Claro que não conto pra eles o que é de fato o tal lugar. Passamos na frente, damos um rápido "tchau" de dentro do carro e seguimos nosso rumo. Até porque os portões estão sempre fechados.

Hoje não foi diferente. Mas inspirou a fala do Pedro:

O castelo do rei tá fechado.
O rei disse não.
O rei não entra no meu castelo.

Acho que nunca vou precisar explicar pra ele o que é anarquia.

(19.06.2013)

Tentando *ser fina*

Gabriel aponta: bunda! Fala bumbum, filho, que é mais bonito... Tá bom... bumbunda!

(20.10.2012)

Aprendizagens da roça

Aula 1 – paciência e tecnologia
Pedro, um minuto após segurar
a vara de pescar, concluiu:
— Mãe, quero trocar de vara.
— Por quê, filho?
— Essa não tá funcionando.
(só sossegou quando foi fazer outra coisa.)

Aula 2 — liberdade
Gabriel, um minuto após observar um
peixe recém-pescado (e ainda vivo)
colocado em uma tigela, concluiu:
— Mãe, ele tá triste.
— Por que você acha isso?
— Porque ele tá tentando sair daí.
(só sossegou quando jogamos o
peixe de volta no lago.)

(17.07.2013)

Misplica as tragédias?

Estudando a peça Romeu e Julieta, refletindo sobre o motor da tragédia, tentando entender por que Romeu foi tão burro, me deparei com esse momento:

35

Pedro, com 4 anos e meio, contrariado por algum desejo não atendido, rangeu os dentes e gritou. Em seguida, não contendo o impulso do desagrado, numa série de movimentos contraditórios, acabou me dando um tapa. Quase simultaneamente testemunhou, assustado, sua própria reação. Sentiu, ao mesmo tempo, raiva e espanto. Assustado, me abraçou e quis saber, entre lágrimas: mamãe, o que tá acontecendo?

Um anjo soprou a resposta.

Tá acontecendo, filho, que você ficou com raiva, e a raiva dá vontade de bater. Como você viu que bater machuca, você ficou triste. Mas só conseguiu ver isso depois... às vezes, mesmo amando alguém, a gente se deixa levar por outras forças que a gente não controla...

Às vezes, a gente se arrasta pelo tranco das tempestades.

Levei um susto: entendi Romeu.

(26.02.2102)

Hora de dormir, os dois na cama. Mas logo escuto gritinhos e risadas vindas do quarto. Morro de vontade de ver o que acontece, mas sei que, se chegar perto, a brincadeira acaba. Aí entendo que a alegria se contempla sem possuir (e às vezes com distanciamento). Enquanto isso, a amizade entre irmãos se forja em gargalhadas.

(05.11.2012)

Cria ensina

Recentemente, roubaram as ferramentas do Djair no seu local de trabalho. Como sempre, nesses casos em que a gente se sente invadido, ficamos um tempo elaborando o que significa ser roubado, por que isso acontece, que brechas a gente deixa, o que fazer a partir daí, etc. etc. etc. Complexidades.

Ontem fomos a uma festinha de aniversário. Quase no fim, o Gabriel estava com uma bexiga na mão — havia pelo menos umas trinta espalhadas pelo chão do salão — e um menino cismou de pegar justo a dele. Pior, queria a bola para dar ao aniversariante.

Não cabe a mim julgar as razões dos filhos dos outros (ou vou guardar pra mim, que já é muito), e bem sei que num monte de moleques juntos, nenhum é santo, mas estou contando isso pra descrever meu estado: o tal menino — maior, é claro — perseguiu o Gabriel até a piscina de bolinhas, e lá conseguiu, à força, tirar a bola das mãos dele.

Eu, a duras penas, me segurava no papel de observadora. Vi o meu filho gritando: é meu! é do Gabriel! Eu, na espreita, de prontidão, com paciência forçada, rangia os dentes, enquanto ele reagia, guerreiro, sem autopiedade. Tive de deixá-lo viver esse momento, tão dele, sem interferir, mas sentia dentro de mim o impulso de avançar num salto pra defender a cria da criança equivocada. No fim, o próprio aniversariante, percebendo a injustiça, devolveu a famigerada bola ao Gabriel, frente ao olhar indignado do escudeiro. Coisas de menino.

Gabriel saiu da piscina satisfeito, confiante na Justiça Divina. Segundos depois, conquista lograda, largou a bexiga no chão.

E eu entendi o que é gritar "é meu" sem culpa, sem egoísmo, por pura evocação do que está certo dentro do jogo. Porque, mesmo pra ser generoso, a gente só dá o que primeiro tem.

(12.03.2012)

Cria Ensina II

O tal do parquinho.

Geralmente é um lugar democrático. Mas, às vezes, na prática, tem seus reinados, suas cortes, e os autoproclamados monarcas. Naquele cercadinho de areia e brinquedos havia se erguido um castelo.

Nesse reino cheguei com os meninos pulando de alegria, loucos pra subir nos brinquedos e interagir. O Pedro, daquele jeito dele, já foi se apresentando, falando a sua idade, falando do irmão e outros assuntos. O rei, um toco de gente com voz de pavão, riu em tom de hiena e anunciou, soberano:
— Que boboide!

Sim, o sangue ferve.
O punho fecha.
O dente range.

Fitei o déspota com olhos gélidos.
Senti eriçar os pelos.

Reprimi, num fio de consciência, um
movimento predador.

Enquanto isso, Pedro simplesmente
saiu de perto.
Sem nada dizer, deixando na areia a arena
infértil da briga.

Então eu recolhi as garras. Voltei,
novamente, o olhar para o castelo,
contaminada pela sua serenidade.
Enxerguei: Não era um rei.
Era só um menino sem mãe.

(Pedro, algum dia em 2014)

Coisas que filhos nos dão para pensar e que servem pra tudo na vida

Sim, eu posso. Posso ser violenta,
se esse for meu jeitinho.
Posso ser violenta, se for conveniente.
Posso ser violenta, porque às vezes é justificável.
Posso ser violenta, porque às vezes é mais rápido.
Posso ser violenta, porque preciso
de você agora!
Posso ser violenta cedendo à sua pressão
(e te odiando em segredo por ter me violentado).
Posso ser violenta, porque às vezes o outro
merece (ou preciso impedi-lo de ser mais
violento que eu).
Porém tenho que saber que isso não muda
nada. Na melhor das hipóteses, adia o
confronto para um novo momento, onde ainda
seremos dois times: o "você-que-me-violenta"
e o "eu-preciso-me-defender-de-você".
Não violência ativa exige energia livre. Exige
ficar, e não ceder ao impulso de abandonar
o outro à sua compulsão. Exige não ceder à

43

delícia de deitar o braço (mesmo um braço simbólico) à catarse de se deixar levar pelo turbilhão de uma força que, ilusoriamente, chamo de minha, mas é coisa que também me toma, e também me bate.
Não violência depende de muito amor. Muito amor mesmo. Incondicional, para que eu te acolha numa atitude totalmente fora de minhas expectativas. Abraçar você no seu "pior", na sua treva de sobrevivência, naquela hora em que você me agarra e quase me afoga como tábua de salvação, é tarefa árdua, quase titânica. Mas às vezes, eu consigo. E só assim consigo também nos salvar. Então é tarefa humana. Depois de ver tudo isso, posso até ceder ao beijo da violência e me enganar, mas dura pouco.
Já sei que é preguiça espiritual.

(14.02.2014)

Poesia mimosa feita em viagem longa

*O cocô
do pé
é chuléééééé!*

(11.07.2012)

A melhor das lembranças

Mão do filho pequeno fazendo cafuné no
cabelo da nuca
enquanto a outra mãozinha,
na boca,
devaneia...

(27.02.2008)

45

Música de Francisco

Chorava antes de dormir. Um choro aparentemente sem razão, gritado. Daqueles que poderia ter passado em branco: é sono.
Mas apertei bem forte. Um som me percorreu, vindo do útero.
O som depois virou acalanto; melodia simples, singela, bem diferente das complicadas voltas de minha cabeça.
Então percebi que novamente celebrava seu nascimento.
Deixei sair aquela voz e, no transe dessa hora, meus braços viraram as paredes do nascer. O aperto do contato acalmou o choro. No limiar do porvir, o abraço, a contenção, o limite que nos acompanhará nessa existência terrena, mas que também nos mostra que não estamos sós.
Ele soltou um longo suspiro, e soltou o corpinho num grande relaxamento.
Há algo que nos ampara, os contornos de nossa mãe. E esse aperto é bom.
Então ele dormiu,
e uma música nasceu

Chegou, chegou
o filho da harmonia
chegou, chegou
chegou trazendo luz
Chegou, chegou
e veio de uma estrela
chegou, chegou
chegou o meu amor
Chegou, chegou,
nasceu na primavera
chegou, chegou
pra vida alegrar

(03.03.2014)

48

Como educar um **saci**

Gabriel, meu filho, o que que eu faço com você?

Você tá virado do avesso, me virando junto.
Você é o filho do Menino Maluquinho com a Emília.
Um destemido da Cuca, e discípulo do Saci.
Você é insubordinável,
irreverente,
inflexível nos seus fins,
mas flexibiliza os meios, tem ginga da malandragem:
olhos atentos.
Nasceu com pleno domínio de cada músculo, mas escolhe cair o dia inteiro. Porque tem a cabeça na próxima diabragem.

Você é, pintado, meu riso de infância.
Você tem a coragem que eu nunca tive para as desobediências.
Você é aquele amigo da escola que eu adoraria ter.

Mas você nasceu meu filho.

50

E aí?
O que
eu faço?
O que é
"educar"
você?

O que fazer com essa parte minha que se recusa
a se dobrar a qualquer coisa? Que não dá aval pra
castigo, que cospe (ou esculpe, como você diz)
na ordem estabelecida?
O que fazer naqueles dias na borda do limite, com
nervos à flor da pele, com o caçula no colo e o mais velho
na frente, quando preciso que você me obedeça e desejo,
secretamente, que você nunca obedeça a ninguém?
Que raio de função é essa, a de te ensinar limites? Te
ensinar que o outro existe, e que às vezes você passa
da conta? Te ensinar que a existência do outro não
é uma pedra no seu caminho, que o outro sente —
inclusive dor — e você também?

Você, que brotou do pó da obra, na construção desse
lar que a gente vive. Você que veio ordenar o caos
naquele momento, e agora coloca a casa abaixo.

Só me resta te mostrar que você tem coração.
Só me resta te ajudar a ouvir sua música, e perceber que com outros a gente faz uma orquestra de tambores em diferentes tons.

Você é um desafio, maluquinho, porque é a parte que eu gostaria de ter sido, mas tinha moralismo demais na frente.

Espero que meus braços não sejam prisões, mas um trampolim para alavancar seu voo.
Espero ter amor suficiente para superar meus próprios limites, porque às vezes o cansaço é grande. Porque me mostra o ridículo de segurar o curso do rio, o curso do riso. Quebrar a cabeça da lógica da ordem. Espero que você, no meio dessa bagunça, esteja forjando bem seu caminho.

Espero que fazer a coisa certa não seja sempre fazer a coisa certa;
entre um tombo e uma bronca, entre um choro e um riso, a gente acerta.

Eu sei que você consegue.
Eu sei que eu também. Porque te amo.

(05.12.2013)

Acordei sacim

Se eu saci fosse,
não sei o que seria.
Sassaricante sina
nem sapato sobraria.
Se eu um saci fosse,
eu sim aprenderia
das folhas da floresta
salvar sabedoria.
Se eu saci fosse,
feliz sapecaria
sambando sem censura
seguindo com alegria

(06.11.2011)

O fim da Copa do Mundo

Brasil está perdido. Temos que fazer o Brasil ganhado.

(Pedro, 12.07.2014)

54

Língua do b

A boca
do bebê baba,
e beijo babado
de bebê
é bom é
bom é bom

(11.02.2014)

Batatinha quando mama

Batatinha quando nasce espalha a rama pelo chão.
Menininha quando dorme põe a mão no coração.
Francisquinho espalha a rama no meu corpo quando mama.
Põe a mão na minha pele, sente o pulso do meu peito.
Esparrama sua essência e se ancora em parte minha,
e essa parte vira terra, pra nutrir sua raiz.
Até que ele, feito árvore,
com suas ramas feitas ramos,
gere frutos pelo mundo.
Até que ele, feito gente,
ganhe pernas pra além-mar.

Mas estarei sempre entrelaçada
nessa parte minha terrena
da carne onde se geram sementes.
Nessa parte vazia de mim,
berço de todos os sonhos.

(Francisco, 14.04.2014)

Fechando um *primeiro setênio*

Doce alma em sempre música,
nosso menino-passarinho
sabedor do reino dos silêncios

Fantasia, em sua mente,
mil castelos dourados
só para dividir com quem ama
o sol do seu encantário

Nesses castelos, inclui a nós todos,
família, amigos, seres imaginados,
somos todos viventes em seu mundo,
cabemos todos em seu enorme coração
(sempre acompanhado de abraço)

Menino-vento,
Menino canto,

agora um ciclo completa.
O mundo de fora, agora, é descoberta.
Vai, e leva a ele seu sorriso,
que a vida é boa, meu filho,
e ainda melhor com você.

(Pedro, 09.06.2014)

Lição para vencer o medo

Gabriel e eu vendo a tempestade:
— Mamãe, tô com medo do trovão.
(subitamente, fui tomada
por uma presença de espírito)
— Posso te contar o que é o trovão?
É um pum do céu.
— O céu solta pum?
— Claro!
— Hahahahahahahaha!
Não só o poder cai com o riso.
O medo também.
(será que a base do poder é o medo?)

(19.07.2013)

59

Uma ponte para o país dos exílios

Nem sete, nem um
nem colo constante, nem domínio das letras
nem grande nem pequeno
só o segundo.

Não importavam as tantas histórias que eu lhe contava, nada resolvia:
queria mudar de nome, de mãe (surpreendi-me atordoada nessa brincadeira)
mudava de lugar à mesa, buscando nas brechas o que ainda era mutante.
Banido de si, nenhuma atenção bastava.

(eu que sei desses estados nômades, contemplava minha impotência diante do seu terremoto.)

Era um pedido de socorro de um náufrago que atirava nos barcos que tentavam lhe prestar socorro.
Nós – o pai e eu – declaramos nossa impaciência: o que mais falta fazer?

Até que também nos reconhecemos nesse
lugar de despertencer,
nessa ilha de desassossegos,
e acolhemos o insuportável de nós mesmos banido
pra lá de nossos cantos
(havia em mim tanto exílio, e nesse muito, não sei
por que, algo nele se reconhecia)

Então consegui dizer a partir de um outro lugar: eu te
amo mesmo assim, quando você faz isso.

Passaram-se alguns dias
ele novamente quis saber: você me ama mesmo
quando está brava comigo?

Respondi num susto: Eu nunca vou deixar de te
amar, nem no dia em que eu estiver muito muito
muito brava com você. Você é meu filho querido, e
nunca vai sair do meu coração.

A gente nunca sabe qual é o ato que desencanta a
dor. Na hora. Nem tive pretensão, fui sincera e só.
Sem saber, apertei o botão que procurava.

Então o vento mudou,
ele montou em seu barco
e voltou pra casa.

(Gabriel, 14.01.2015).

Seu lado anjo

Um dia, nem lembro quando,
(memória de mãe é assim mesmo, melindrosa)
era um dia daqueles:
eu só com vocês em casa,
casa de ponta-cabeça,
seu irmão caçula chorando,
eu precisando.

Daí te vi num relance. Na necessidade, meu olho encontrou o seu.
Você firmou o olhar. Sorriu de leve, sutil ponto de apoio.
Aliviei.

Naquele dia entendi teu espírito: presente, possível, permeável.

Menino bom, menino valente, senhor de coração disponível,
coragem daqueles que sempre estão.

(Gabriel, 2015)

63

Uma fera por dia

Nas férias, assistindo com os meninos *As Crônicas de Nárnia*. Era a primeira vez deles e, por incrível que pareça (porque eu amo esse tipo de história), para mim também. Para quem não é iniciado nesse universo, essa é uma série de livros (que viraram filmes) sobre quatro irmãos que descobrem a passagem para um reino fantástico e, como em todo filme de aventuras que se preze, repleto de muitos desafios. No primeiro da série, cada um dos irmãos recebe um "presente", um instrumento que possa utilizar para enfrentar os perigos. O mais velho deles, chamado Pedro, ganha uma espada. A partir daí, eram os meninos de olho no filme e a mãe de olho na narrativa por trás dos personagens. Sim, há que se estar atenta às histórias que se contam por aí, algumas matam mais do que bala de carabina.
Falando nisso, pra que serve uma espada?
Pra se defender, claro.
E para matar.
Matar?
Pois é.
Obviamente, sendo mãe de três meninos, reparo muito nos personagens masculinos, os tais guerreiros. A serviço do que estão? De que discurso? Que ideologia eles sustentam, maquiados nessa coragem extrasupermegablasterheroica?

Mas daquela história eu estava gostando, e testemunhando o Pedro, meu filho, então com 8 anos, torcendo pro xará dele. E eu torcendo pro enredo me surpreender e não reproduzir o discurso "você-fez-por-merecer-a-sua-morte--seu-modafoca".
Os inimigos eram feras. Feras más.
Eles avançaram contra Pedro.
Provocaram-no. Incitaram-no a usar sua espada. Ele não a puxou da bainha.
A natureza se encarregou de separar o conflito.
Ufa.
Mas, claro, algumas cenas depois, surgiu novamente o perigo: as feras o atacaram. Dessa vez era vida ou morte. Novamente, Pedro se viu no mesmo dilema.
Sem lhe dar muito tempo, a fera pulou por cima dele. Pedro puxou a espada, que acabou rasgando o corpo do animal.
A fera morreu.
A espada matou.
No silêncio pós-dramático da sala, eu me perguntei: E agora? O que os meninos acharam disso?
E como quem me lê no silêncio, Pedro diz:
Ele virou adulto, né, mãe?
(sem mais)

(Pedro, 03.08.2015)

O Abraço que mora nas bordas

Sim, tem limite.
É necessário ter.
Mas eu achava que não. É claro, a última
memória de ser filha pousava na adolescência,
época de romper tecidos, de sair da casca.
Da primeira infância, eu pouco lembrava ao
virar mãe. Então não entendia que, para ser
irreverente, era necessário primeiro reverência.
Que para romper a pele, é necessário suporte.
Isso pode, isso não pode.
Isso sim, isso não.
Corte. frustração.
No começo, tentava outra coisa:
negociação. Adulação.
Por fim, competição. Sem saber, chorava mais
que a criança sedenta de bordas. Reclamava
cansaço. Fugia pro espaço (sideral ou virtual).
Tinha impulsos consumistas, trocava coisas por
sossego: da bolachinha açucarada ao brinquedo
psicotrópico, as babás eletroeletrônicas, os
passeios estrambóticos.
Mas nada tinha fim.
Nada era suficiente.
Porque eu, no meu desespero infantil, na dor
do meu abandono, dava tudo, menos o fim.
Tudo menos a contenção.
Dava presentes, mas não a presença.
Pedia silêncio e dava ruído.
Acreditava-me frágil, mas não percebia
o óbvio: que estávamos em times diferentes,
as crianças e eu.
(contra mim.)

Eu, vítima dos meus próprios rebentos.
Eu, mulher feita, profissional,
inteligente, descolada, amorosa, com
resposta pra tudo, sem resposta pra
nada, desolada, rendida, irritada.

eu, eu, eu.
eu, ai,
ai de mim.

Não consegui.
Eu explodi.

Reconheci meus limites,
aterrei na presença,
dei o que ainda não queria dar, e era a
única coisa que eles pediam: a verdade.
dei o que me era mais caro:
a frustração de aguentar frustrar,
de não me sentir amada
(admirada?), boazinha.

Aceitei o fato de que era eu a única
pessoa que poderia dar a eles a
insatisfação das bordas.
(e aí percebi que isso era bem mais que
um abraço.)
Mas que também, depois, em consolo,
poderia virar abraço.
(forte, profundo lastro)
E as contenções verdadeiras, postas
em coragem, abriram meu coração pro
amor maior. E aí sim o abraço
era acolhida. Reconhecimento
mútuo da dor e da alegria
de estar aqui, em pele, peito
e presente.

Sim, meus queridos, às vezes
dói, às vezes espanta, mas é
lindo, lindo viver.

E então não éramos mais
eles e eu.
Éramos nós
Doce egrégora
aprendendo juntos
um melhor ser.

(02.10.2014)

68

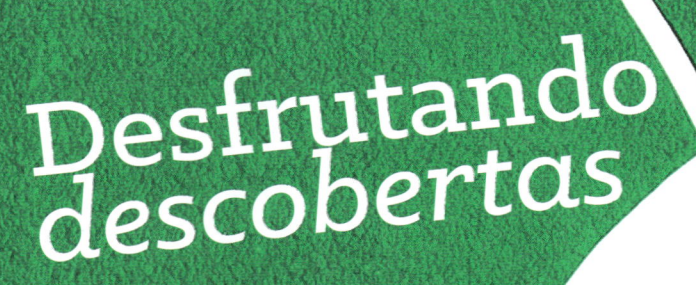

Desfrutando descobertas

69

Dentro do morango mora um sol
Dentro da maçã vive uma estrela
Dentro da banana, uma galáxia

(23.11.2012)

Primeira Prova de Cavaleiro: o embate com o gigante

Ele era puro suor e febre. Olhar vidrado. Ele estava alucinando. Era ele contra o gigante, e o bicho tinha uma faca.
Ele sentia os olhos doendo, e a dor da faca do gigante em seu corpo.
Eu estava preparando o banho do Francisco, seu irmão bebê, e ele surgiu assim no banheiro, já acordado, mas ainda imerso no pesadelo, apavorado, em plena iniciação.
Por ação da grande mãe, Francisco estava em paz no bercinho. Eu estava sozinha em casa com os três, mas pude acolher um só na sua urgência.

Entramos no banho. Aninhei-o pelas costas, para que ele sentisse o manto da proteção. Coloquei a mão no seu pequeno coração que batia às marteladas no seu ritmo de beija-flor.
Eu não sabia ainda o que fazer, mas tinha uma só certeza: não poderia dizer "não foi nada, foi só um sonho, vai passar". Isso seria uma mentira, uma desonra. Porque eu sabia que aquilo era MUITO forte. Era uma tremenda aventura, era o mais importante a se viver naquela hora. Seu mundo interno pulsava, vívido, e eu era testemunha daquele embate.

Mas a única coisa que poderia fazer era ajudá-lo na travessia.

Então, naquele abraço, coloquei-o de frente para o gigante. Eu estava na retaguarda, mas seria ele quem enfrentaria o perigo. Juntos, respiramos. Soprei em seu ouvido o que senti que ele precisava ouvir: que eu estava com ele, que seu guia protetor estava em seu coração, e ele estava protegido para ter esse ato de coragem.

E ele falou com o gigante. Encarou-o de frente, apesar do seu medo. Depois soltou-se de mim e ficou debaixo da água, deitou seu corpo em uma posição-semente. Era lindo ver sua coragem nascente. Era uma honra presenciar essa prova, essa forja em pleno fogo. Deu um orgulho danado ver a dignidade de sua atitude, seu enfrentamento, sua disposição. Gabriel, o honrado cavaleiro que hoje, aos seus 4 anos de vida, teve sua iniciação. Dura iniciação.

E ele atravessou.

Depois de um tempo, deixei-o a sós por um instante, com a certeza que ele ficaria bem.

Francisco já chorava pedindo colo, e fui buscá-lo no berço. Entramos novamente juntos no banho, e sua alegria de bebê trouxe o bálsamo que faltava para finalizar o rito.

Eu só agradecia. Agradeci a oportunidade de estar ali, naquele instante, disponível para ajudar nessa aventura. E soube, como só as mães sabem, que esses momentos irão se repetir muitas vezes. Mas a primeira vez marca. É inesquecível.
Depois, com a ajuda do pai (que o presenteou com novas interpretações do sonho), Gabriel voltou lá. Reconciliou-se com Marte, sua potência avassaladora, cortante, mas curativa.

E ficou amigo do gigante.

(08.04.2014)

Mãe, o que é guerra?

É sempre assim, essas perguntas surgem quando menos se espera. De onde veio, nem imagino. Provavelmente de algum papo na escola, já que estávamos no caminho de volta pra casa.

O que é guerra?, repeti, como quem tenta ganhar tempo. É, guerra.

Não queria descrever com fatos, com cenas bélicas, como esses filmes que brotam como mato. Procurei uma definição essencial, aplicável em muitos contextos, e fui arriscando:

Guerra é quando muita gente briga ao mesmo tempo...
Guerra é quando dois bandos querem coisas
diferentes, ou disputam a mesma coisa...
É...
Acho que guerra é quando a gente acha que
só a gente tem razão.
(daquelas coisas que a gente fala pra gente mesmo)

Aparentemente, serviu. Mas uma
pergunta puxa a outra:
E o que é sobreviver?
É conseguir se salvar de um perigo...

É o estado de quem vive em guerra.
Talvez seu único pensamento...

Sobreviver é restringir a existência...

Como foi seu dia na escola?

(Pedro, 18.11.2015)

O menino dos

Sem voz há dois dias, com choro enrustido parecendo pecado se saísse em tempos de tanta demanda na fortaleza. No carro, na via travada de sempre, com tanta coisa à frente impedindo a passagem, com tanto excesso, ruído. Secretamente, eu adicionava mais uma memória à minha coleção de fracassos, cansada demais pra ter raiva, ou com raiva demais pra entender alguma coisa. Um mar ao fundo. Água salgada à espreita, muita água. Quem disse que é tempo de seca? Um anúncio hipócrita da Sabesp no rádio, que desliguei num ímpeto de quem dá em alguém um tapa na cara. Se eu me desaguasse inteira ia dar inundação.

Um par de olhos me enxerga. Um par de olhinhos puxados de quase dois anos me observa no banco de trás. Puxa meu foco. Ti foi, mamãe? Como ele sabe? Como pode saber? Me estende a mão, dando conforto, aquele tiquinho que não entende tanta coisa e sabe tanto. Sorriu, lembrando a mim mesma numa foto de infância: quem me sorriu, afinal? O sal chegou à

olhos brilhantes

boca. Não chola mamãe. Uma presença tão evidente que quase se materializa, ainda que invisível. Alguém a mais dentro do carro-presença. A mão gordinha ainda estendida, devolvendo tanto colo já recebido. A certeza de que tudo vale a pena. As águas não mais controladas, certificadas, poluídas pela poeira da aridez. O mesmo sorriso da minha lembrança continuado no seu rostinho, a inocência, a entrega, uma ternura indescritível, a urgência de reencontrar esse espaço em mim para que eu te libere, meu filho, para que eu te libere para crescer.

Esse lugar é seu agora. Você, como eu, atravessará muitos abismos.

Mas também sei que você será salvo por olhos brilhantes, lugar onde tudo é possível de tanto que se sente, de tanto que não se pensa, de tanto que se confia.

(Francisco, 26.08.2015)

A concreta poesia dos dois anos

Ó só, mãe! Ó só! Aguatéa! Aguatéa!
(sim, ele repete tudo umas oito vezes)
Aguatéa! Aguatéa! Aguatéa!
(Água-terra: Francisco vendo,
maravilhado,
da janela do carro em viagem,
as curvas de um rio)

(dezembro de 2015)

A pergunta que nunca cala

Mãe tenta vestir a calça no filho. Percebe que a perna está errada. Muda o lado, ainda não encaixa. Depois de um tempo, repara que o que tem nas mãos é uma blusa. Quando saber o limite entre o cansaço e a insanidade?

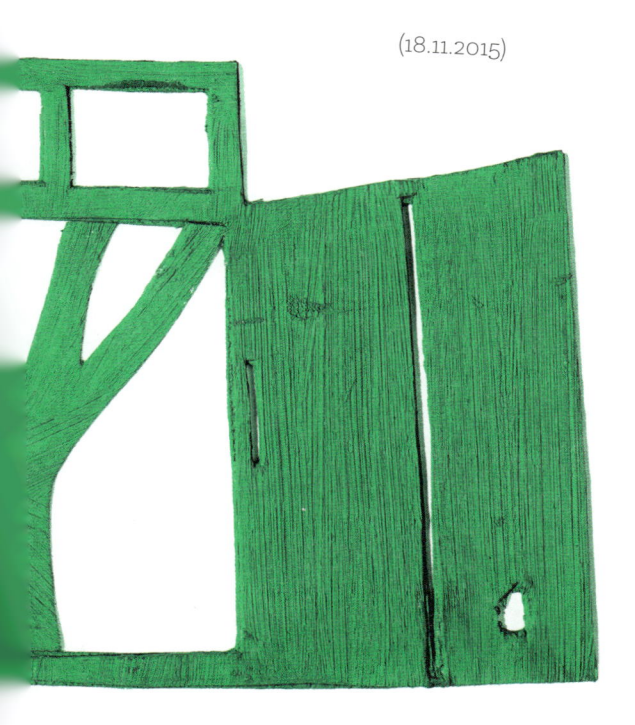

(18.11.2015)

Você ensaiou essa música durante um tempão. A flauta, quase uma extensão dos seus braços, do seu fôlego, trazia diariamente à vida o Natal Nordestino, canção escolhida para a apresentação de final da ano.

No dia, todas as crianças a postos. Uma mão de coruja segurava uma câmera trêmula, buscando sua imagem no meio do coral. Logo vi: você estava posicionado atrás de uma criança mais alta – não por querer se esconder, mas por não se importar em ser visto. O espaço era apertado, o calor era muito e os professores davam seu máximo.

Pequeno sacerdote das notas

No meio da apresentação, no momento em que as flautas fariam sua parte, alguém te colocou à frente. Para minha surpresa, você ficou completamente de costas.

Logo, o mistério se revelou: de costas para a exibição, mas de frente para a necessidade. Seus amigos, acostumados a seguir a professora, agora seguiam seus dedos. E sem desafinar, o conjunto seguiu lindamente até o fim da apresentação.

Hoje, Pedro, você serviu à música.

Hoje, nasceu em você
um maestro.

(Pedro, 16.12.2015)

Segunda **Prova** de **Cavaleiro**: o coração **gentil**

Chegou da escola com coração abalado. Forçando uma brincadeira, havia machucado uma das meninas da classe, pegando no seu braço com força além da conta. Ficou roxo, ela reclamou, mostrando que doía.

Ele, aprendendo a duras penas o limite do corpo alheio, na volta pra casa, ficou amuado.

— Tá tudo bem?
— Não.
— O que aconteceu?
— Tô com vergonha.
— Conta que passa.

(Tentou falar, mas a fala não saía)
— Tô com vergonha.
— Conta se quiser, então.

(Silêncio no carro. Agonia era tanta que dava até pra apalpar no ar. Passaram-se duas músicas e uma eternidade)

— Agora eu quero falar. (A história saiu doída)

E eu, orgulhosa da vergonha dele. Da culpa não, culpa não presta pra nada. Mas vergonha na cara, sim. Sentir o sentir do outro, especialmente quando a gente machuca esse outro, precisa de muita coragem.
Eu disse isso a ele.
Mas ele não se perdoava.
Precisava de mais tempo além da dureza das penas.
Precisava do belo que cura a dor das pontas.

Já em casa, silenciou,
serenou.
Então a fada, nele, falou: resolveu dar desenhos de presente. Pediu aquarela, colocou-se diante das páginas em branco com a franca disposição de fazer algo bonito, não apenas para a amiga, mas para todas as meninas da sala. E fez quatro desenhos lindos e coloridos, amarrou com fita rosa, colheu quatro pedras no jardim e colocou tudo na mochila, ansioso pelo dia seguinte.

Então ele curou seu coração,
e a mãe, raptada pela Vênus presente, derreteu.

(Gabriel, fevereiro de 2016)

Menino

Peixinho vivo,
alegria que demora.
Às vezes nem sabe, no fim, por que chora.
(Talvez pra brincar,
nos seu olhos,
com o sereno de antes da aurora).

do rio

Menino de amor fresco,
meigo,
risada com mel de amora,
sem pontas,
com charme,
molejo,
ternura que emana e entorna,
me tira do sério,
me rio,
me jogo nas águas que jorras.

Me entrego à delicia dos mimos,
sem pressa
me esqueço da vida,
sem culpa
me perco na hora.

(Francisco, 22.02.2016)

Na gira dos cavalinhos

Para cada filho, um coração. Mas cada peito que o contém pede um corpo, então sou pelo menos três com cara de mãe. Também sou grata por ter esse privilégio, o de poder ser presente nessa primeira infância (uma opção consciente), mas louca por conseguir coordenar os tantos outros eus que pedem passagem.

A casa, exigente, me grita pelo menos mais nove personas exclusivas, o que desobedeço com prazer. Mas com gosto eu cedo ao posto de jardineira, porque amo cultivar fadas, e elas me pedem locais mágicos e floridos. Nas artes culinárias faço o que tem pra hoje (apesar da herança genética favorável, esqueci de passar nessa fila de talentos) e a alegria de encher a casa de pisca-piscas depende de uma arrumação prévia, coisa que nem sempre tô a fim (e quando faço, recebo do Djair a gentil alcunha de Arnolda Schwarzenêga, tamanho o ímpeto dedicado à tarefa). O resto delego sem culpa.

A filha (que ainda e também sou) guardo para momentos de mimo.

A amiga transita a toda hora,
facinha de lidar essaí.

A enamorada tem seu espaço guardado a
dentadas. Seus domínios são protegidos por
espinhos, e por eles garanto o aroma de rosas
embebidas em orvalho, doce alimento dos dias.
Sou tão feita de sua matéria que (ainda bem)
seria quase impossível que ela se transfigurasse
numa lista de supermercado. Mas é preciso
estar à espreita: esse é um risco constante.

Há várias outras transitórias,
eventuais, efêmeras.

Da classe daquelas secretas, há uma em
especial: a que anda me cavando espaço
a unhadas, arrancando a pele da sola e
dos calcanhares até que eu lhe dê ouvidos
e pernas. Ela não segue padrões, a santa
louca desvairada. É aquela desacostumada
ao giro da rotina. Aquela que quer sair a
galope em linha reta.

Como lidar?
Como lidar?
Como lidar?

Um dia, por pura graça, me veio resposta divina: Cavalgue pra cima – escutei – direto pro céu sem limites!

E lá foi ela, artista-amazona, sem olhar pra trás, nas asas do vento, montada na necessidade.

Pra lá foi ela, feliz, sem saber que é seu giro espiralado ao redor do grande mastro o que faz mover o carrossel dos dias terrenos.

(verão de 2016)

87

Carta aos meninos num *quase-inverno* de 2016

Meus queridos,

O país ferve. O mundo ferve. As vitórias democráticas conquistadas quando sua mãe tinha a idade de vocês foram novamente ameaçadas. Os livros de História estão se revirando do avesso, com páginas sendo reescritas por múltiplos pontos de vista, com folhas futuras arranhando previsões apaixonadas. É um tempo bem estranho, bem louco, talvez até lúdico, e se comento essas coisas é para explicar a vocês porque às vezes eu, outras seu pai, anda pelos cantos coçando a cabeça.

Porque a gente é teimoso pra caramba.
A gente tem todos os aparatos possíveis para se enquadrar no "sistema": inteligência, formação em instituição superior reconhecida, informação, ímpeto, talento. Mas a gente preferiu usar tudo isso pra fazer outras coisas, daquelas que colaboram para a

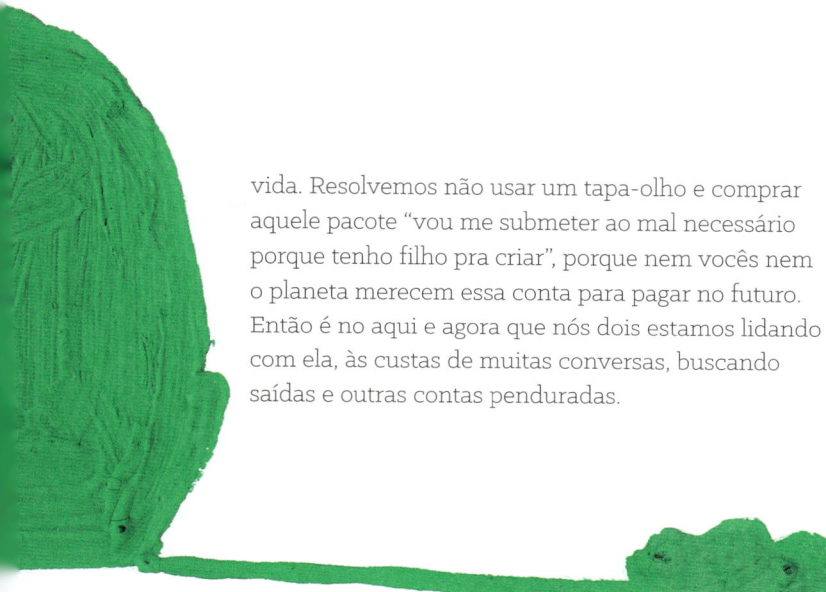

vida. Resolvemos não usar um tapa-olho e comprar aquele pacote "vou me submeter ao mal necessário porque tenho filho pra criar", porque nem vocês nem o planeta merecem essa conta para pagar no futuro. Então é no aqui e agora que nós dois estamos lidando com ela, às custas de muitas conversas, buscando saídas e outras contas penduradas.

Muitas vezes, a vontade de gritar é muita. A gente até grita, e deve ser assustador. Tem dias que nem eu me aguento, tem dias que a fé fraqueja, vá pra sala brincar, que não tô podendo com tanta coisa! Nesses momentos me contento em pelo menos não me esquecer de dar o almoço, água, mas colo não dá, porque sou eu quem preciso. Ou seu pai.

Vá conversar com seu pai, digo, nos tempos em que ele também se assusta e a bronca entra na frente por se estar vivendo em modo de briga. Porque é preciso reinventar, meninos, o que é ser adulto, o que é ser família, mãe. Mas não pensem que a coisa é só dura: também tem momentos sublimes. Ouvir, diariamente, o doce canto da vida coerente. Libertar-se de tantas crenças... Retirar do DNA o "ter que ser", a síndrome do sucesso a qualquer custo, a culpa, a tentação de retroceder... Porque os olhos só brilham se os pés caminharem na direção do espírito. Olhos brilhantes são faróis, iluminando essa trilha obscura e nova.

Isso, queridos, é ser gente grande: já ter cruzado limites. Todos sem volta.

Nessa travessia, é gostoso se deparar com fogueiras no caminho. Ali encontramos gente que também busca. Então cantamos, trocamos medicinas, trocamos marcas no mapa, porque vamos para uma direção parecida, mas o caminho percorrido é dança individual. Seu pai e eu vamos dançando juntos essa canção do espírito. Não há caminhos pavimentados, mas a delícia da aventura é garantida. Uma jornada que se vive na pele, que se arrepia na espinha, que se localiza no coração tantas vezes acelerado, um percurso de verdade, sentido na planta do pé, não projetado em telas planas. É essa a herança que queremos deixar a vocês: a coragem de seguir sua própria verdade, o desejo profundo do ser, sem se submeter às chantagens do que é desumano e decadente, ainda que disfarçado de luxo. Ou pior, de necessidade.

luiza pannunzio

Quando me percebi pessoa, disse: quero ser desenhadora. Mas pra quem nasceu entre linhas e agulhas, com o barulho da máquina de costura da mãe ritmando o coração, foi impossível ignorar o feitio das roupas que ela fazia. Tenho uma loja, faço figurino para teatro e TV. Ilustro para diversos veículos além de desenvolver projetos pessoais. Tenho uma REDE de apoio para famílias que, como a minha, tiveram filhos com fissuras e outros defeitos na face. Estudei artes na FAAP e por um bom tempo me distraí com a fotografia. Cresci, namorei, chorei, sofri, separei, me diverti pacas, casei outra vez e o desenho foi para sempre meu companheiro. Como quem conta uma história em folhas avulsas – tantas, que perco parte delas pela casa. Por uma vida menos ordinária, criei personagens que escapavam a realidade dos dias mais difíceis. Foram alívio. Quando os filhos vieram, fruto de um enorme amor, o desenho se manteve ali. Firme e forte a me salvar. Fazendo o diálogo que me faltava com o mundo que separava as mulheres mães de todo o resto. Então, a solidão ficou para trás. Mas foi o desenho que me resgatou por toda a vida e até agora. Me dando este olhar pra fora. Quando Clarice nasceu, eu, que já gostava de escrever, resolvi começar a fazer um diário para ela, como minha mãe fez para cada um de seus filhos. Quando Bento nasceu, não foi diferente. E o resultado desses primeiros 5 anos de nossa convivência você lê neste livro aqui. Despretensioso que só. Como diria a minha avó: "serve para não esquecer." Precisava falar sobre nós. A gente, você, ela, eles todos. O amor. Mas eu ando mesmo a escrever para que possam vocês – ler, quando crescidos. E, principalmente, para que possam me perdoar.

carolina padilha
graziella mattar

CAROLINA PADILHA Nasci no interior de São Paulo e mudei-me para a capital no final da adolescência, para cursar História na USP. Também tenho formação na área da educação, tendo atuado como professora no início da minha vida profissional. Nasci mãe da Ana, hoje com 19 anos, ainda cursando a graduação, e me formei com um bebê no colo e projetos redesenhados para a vida que agora precisava comportar duas pessoas. Desde 2001 atuo na área de defesa dos diretos humanos de crianças e adolescentes no Brasil. No meio desse caminho vieram mais duas filhas, Alice, 11 anos, e Helena, 8 anos. A casa ficou mais cheia de pequenas surpresas, novos aprendizados e muitas risadas. E também foi ficando mais difícil passar tanto tempo viajando e longe da bagunça das meninas. Hoje, como consultora independente de direitos humanos, em meio à rotina das filhas, trabalho como voluntária em projetos no Brasil e no exterior.

GRAZIELLA MATTAR Quando comecei a ler os textos da Carol, muitas lembranças da minha infância me vieram à memória, principalmente os dias em que podia desfrutar da companhia de minha mãe. Juntas, desenhávamos mapas, recortávamos imagens de revistas, íamos à casa de minha avó, onde descobri a mágica das coisas simples da vida. Nasci em 1974 em São Paulo. Trabalhei por dez anos com educação, e a convivência diária com as crianças fez com que eu me apaixonasse pelo universo fantástico da infância. O que é impossível, improvável, e tudo o que aparece nas brincadeiras das crianças são a minha maior fonte de inspiração. Em 2010 nasceu meu filho Raul, e assim experimentei a sensação mais mágica de todas. Através de suas brincadeiras enxergo o mundo de outra maneira e experimento a simplicidade do dia a dia. Com ele nasceram meus primeiros livros.

claudia
pucci
abrahão
cibele
lucena

CLAUDIA PUCCI ABRAHÃO Sou uma inquieta transeunte nascida mineira e expandida pro mundo. Me formei em cinema pela ECA-USP, dirigi documentários e curtas-metragens e fiz da escrita e do teatro minha morada. Já fui professora de audiovisual na ESPM e hoje dou cursos de escrita criativa. Fui residente do Royal Court Theatre, onde pesquisei a força poética da palavra em movimento. A partir do nascimento do meu primeiro filho, Pedro, em 2007, começou minha jornada pro centro do mundo – lá comecei a ouvir novas histórias para contar. Em 2015, lancei o *Canto da Terra*, relato poético de minhas quatro gestações, três partos e outras travessias. Atualmente, colaboro com o site Ninhada, ministro cursos na Casa das Rosas e escrevo no meu blog www.giradodelirio.com. Depois que me tornei mãe de três meninos, com eles estou redescobrindo o encantamento – e mergulhando cada vez mais no universo profundo da maternidade.

CIBELE LUCENA A geografia me ensinou a percorrer paisagens. Os coletivos artísticos e as intervenções na cidade, a percorrer o que sinto, perceber meu corpo, como vivo e como me relaciono. Em quase 20 anos de trabalho, aprendi que podemos nos habitar, cada vez mais e com mais potência, e assim habitar o mundo. E também que podemos inventar mundos, quando este não faz sentido. Minha mãe dizia que eu podia ser qualquer coisa, menos professora. Desobedeci (tenho gosto por desobediências). Quando o Gil nasceu, virei também mãe. Tudo isso hoje é inseparável e fala de estar presente, dar nome pro que se sente, escutar, aprender e ensinar, amar e fazer proliferar a vida. Participo do grupo de arte Contrafilé e dou aula em espaços como MAM-SP e Instituto Tomie Ohtake. Fiz os desenhos do livro com tinta guache, cola e tesoura, e a ajuda de Marcos Vilas Boas e Gil Fuser na reprodução e tratamento das imagens. E, filho, elas são pra você!

Se esse fosse um livro de histórias, estaríamos agora naquela parte perigosa. Naquele momento da noite em que a última vela se apaga, e só nos resta a confiança na ajuda vinda das estrelas. É uma pausa no movimento, pede calma, escuta, cautela. O desafio é resistir à tentação de sair correndo, atirando pra qualquer lado, atirando em faces inimigas, atirando a vida numa corrente de ressentimentos. Porque o tempo é de sombras, mas é também de mudanças. Irreverência ao bruto, ainda que solene. Subverter é se permitir sentir, profundamente, a alegria pulsando, insubmissível a qualquer lamento, a qualquer culpa marcada a ferro e brasas, confiando que essa estrada coletiva caminha para um ser verdadeiro.

Confiando que o rio da nossa História transbordará em uma cascata de luz divina, enchendo de frescor e arco-íris por onde passa.

Estamos juntos nessa aventura. E a cada noite, quando olho para vocês em suas camas depois de cantar nossas músicas, depois de acesa a vela pro anjo, depois de ouvir a singela reza que brota dos seus sorrisos... Depois de sentir reverberar em mim a alegria que sinto fluir dos seus corações...

Sei que estamos rumo a essa cachoeira alucinante, repleta de sons, cores, potência, paz, consciência, e fúria de amor.

paula autran
valentina fraiz

PAULA AUTRAN Aos 9 anos, decidi que seria escritora e escrevi desde então. Tornei-me jornalista e escrevi centenas de matérias; dramaturga, escrevi dezenas de peças; acadêmica, escrevi um mestrado (e ando no meio do doutorado). Escrevi sete livros também. Mas foi só quando tornei-me mãe, com a chegada do Arthur, que passei a escrever poesia. E decidi que sempre que tivesse aquele espacinho escrito "profissão" em qualquer formulário, eu escreveria: escritora. É que ser mãe me tornou escritora, mesmo que antes já tivesse passado a vida a escrever. É que Arthur, ao nascer, trouxe com ele a coisa mais preciosa que poderia ganhar: eu mesma. Esta coleção, que idealizei e compartilho com essas mulheres incríveis que tanto admiro, é a prova cabal de que filho nos torna mais fortes, mais unidas e muito mais corajosas.

VALENTINA FRAIZ Sou venezuelana, mas moro no Brasil há anos. Aliás, cheguei por causa da maternidade, formei minha família em São Paulo. Cresci em Caracas, no ateliê da minha mãe, que era arquiteta, desenhista e aquarelista. Minha mãe fazia cartas desenhadas – os tais dos *emoticons* de hoje – e nós nos divertíamos decifrando o texto-imagem. Quando enveredei pela ilustração, percebi na hora que aquilo era quase a mesma coisa que as cartas desenhadas que minha mãe fazia para nós (e que faço para minhas filhas agora). Soledad, minha filha mais nova fala que meu trabalho parece só diversão. Laura, minha filha mais velha, estuda artes e também usa o desenho para falar dela e do mundo. Soledad e eu moramos numa cidade pequenina, na beira de um rio. Em nosso quintal tem pássaros, cotias, macaquinhos e um tatu arisco que só vem de noite. Deve ser por isso que Soledad desenha tantos bichos.

Tipografia
Klinic Slab
Papel
offset 90g [miolo]
duo design 250g [capa]
Gráfica
Bartira
*Impresso
na primavera
de 2016*